AF278634

ÉLOGE HISTORIQUE

DE

CHARLES LE POIS

(CAROLUS PISO)

CÉLÈBRE MÉDECIN LORRAIN AU XVIIᵉ SIÈCLE

Par le Dʳ C. SAUCEROTTE,

MEMBRE CORRESPONDANT DE L'ACADÉMIE IMPÉRIALE DE MÉDECINE
ET DE CELLE DE STANISLAS,
MÉDECIN EN CHEF D'HÔPITAL, ETC.

> Honorer les talents, c'est les faire naître.
> VICQ-D'AZYR.

NANCY,

GRIMBLOT ET VEUVE RAYBOIS, IMPRIMEURS-LIBRAIRES,
Place Stanislas, 7, et rue Saint-Dizier, 125.

1854.

Extrait des Mémoires de l'Académie de Stanislas
(Société royale des Sciences, Lettres et Arts de Nancy.)

Nancy, imprimerie de veuve Raybois et comp.

ÉLOGE HISTORIQUE

DE

CHARLES LE POIS

(CAROLUS PISO)

CÉLÈBRE MÉDECIN LORRAIN AU XVIIe SIÈCLE.

> Honorer les talents, c'est les faire naître.
> Vicq-d'Azyr.

Si les travaux des hommes qui se sont fait une haute renommée dans les sciences appartiennent au genre humain tout entier, c'est à leur patrie qu'ils ont légué leur gloire : c'est parmi leurs concitoyens surtout que ce noble héritage, recueilli par la reconnaissance et transmis à la postérité, fera naître les grands talents de grands modèles, les grandes vertus d'illustres exemples.

Telle fut, sans doute, la pensée qui anima l'ACADÉMIE DE STANISLAS lorsqu'elle proposa l'éloge d'un médecin que la science révère, et dont la Lorraine revendique le nom comme l'un de ses titres d'illustration scientifique (1).

------

(1) Cet éloge a été écrit en 1828, époque où l'Académie royale des sciences, lettres et arts de Nancy le mit au concours.

Charles Le Pois naquit à Nancy, en 1563, d'une de
ces familles où les vertus et les talents sont traditionnels.
Son berceau eut sa place marquée dans le sanctuaire de
la science. Son aïeul Louis Le Pois, originaire du Bar-
rois et fixé à Nancy, était élève de J. Sylvius, et l'un des
apothicaires les plus renommés de son temps. Le Duc de
Lorraine lui conféra en 1528 des lettres de noblesse; faveur
rarement accordée aux savants de ce temps là (1). Son
oncle Antoine Le Pois, premier médecin de Charles III
et grand helléniste, fut consulté par Foës pour sa publication des œuvres d'Hippocrate. Enfin son père Nicolas
Le Pois, l'un des praticiens les plus célèbres de son
temps, resta classique jusque dans le siècle dernier pour
son ouvrage *de cognoscendis curandisque interni cor-
poris morbis.* Heureux l'enfant qui peut grandir au milieu de tels modèles !

A peine le jeune Le Pois eût-il atteint sa treizième
année, que son père jaloux de développer ses heureuses
dispositions, et de lui assurer, à défaut de fortune, une
éducation solide, l'envoya étudier à Paris au collège de
Navarre, alors en grand renom, et où le studieux écolier

---

(1) Et même à ceux de nos jours : Témoin le célèbre philan-
trope Parmentier, membre de l'Institut, etc., qui ne put obtenir
cette même faveur de l'empereur Napoléon 1er, parce que son
ancienne profession d'*apothicaire* ne semblait pas de nature à
donner beaucoup de relief au blason de la nouvelle noblesse. Il
est piquant de voir un duc de Lorraine, au XVIe siècle, se montrer
plus libéral à cet égard qu'un fils de la révolution française.

resta cinq ans, attirant par sa vive intelligence et sa persévérante application, l'attention de ses maîtres, et laissant pressentir dans ses succès précoces son brillant avenir. Arrivé au terme de ses études, et riche de ces connaissances littéraires et philosophiques sans lesquelles — disons-le bien haut, aujourd'hui qu'on semble l'oublier — nul ne sera jamais à la hauteur de ce noble ministère (1), le jeune Le Pois se décida aussitôt à embrasser une carrière dont le choix ne pouvait guère être douteux pour lui.

Peut-être ne sera-t-il pas hors de propos de jeter un coup d'œil rapide sur l'état de la médecine en France, à cette époque de notre histoire.

Apportés en Italie par les doctes transfuges qui fuyaient Constantinople envahie par les Turcs, les ouvrages grecs y avaient opéré une révolution complète. L'arabe qui était naguère l'idiome savant et préféré, avait été abandonné avec Rhazès et Avicenne (2) pour Hippocrate et la langue d'Aristote. On commentait le divin vieillard dont les écrits étaient regardés comme renfermant les

---

(1) Je renvoie à une excellente brochure publiée sur ce sujet en juillet 1852 par M. le docteur Bonnet, professeur à l'école de Lyon.

(2) On ne faisait encore au commencement du XVIe siècle que lire et commenter Avicenne, regardé comme le prince de la médecine, Rhazès, Mésué et quelques autres. On se bornait à citer *passim* Hippocrate et Galien, dont on n'avait que des traductions en latin barbare, faites elles-mêmes sur des versions arabes assez infidèles.

dogmes fondamentaux de la science. La médecine reve-
nait enfin à cette méthode d'observation sans laquelle
elle n'est qu'un art aveugle, un frêle échafaudage de
théories mensongères. La France était restée quelque
temps en arrière de ce mouvement : mais les guerres
d'Italie dont les résultats furent si désastreux pour elle,
eurent du moins l'avantage de hâter la culture de la
langue grecque et la réforme médicale, par les commu-
nications qu'elles établirent entre les deux pays. L'in-
vention de l'imprimerie avait d'ailleurs ouvert un horizon
illimité à la science, et fait disparaître les entraves qui
naissaient de la difficulté de se procurer des manuscrits,
au prix énorme où ils étaient vendus.

Le collége royal fondé par François Ier, prenait rang
parmi les écoles les plus célèbres du temps. De son côté
la faculté de médecine de Paris ne se contentant pas des
traductions faites par les Arabes, rassemblait par tous
les moyens dont elle pouvait disposer les textes grecs
originaux ; elle confrontait les manuscrits, corrigeait les
fautes des copistes, comblait les lacunes, en faisait faire
des traductions latines plus fidèles que celles que l'on
possédait jusqu'alors, ou de savants commentaires qui
permettaient d'interpréter dans leur vrai sens les chefs-
d'œuvre de l'antiquité, et particuliérement les traités
d'Hippocrate et de Galien. L'anatomie dont les anciens
n'avaient qu'une notion imparfaite, et à laquelle les
Arabes n'avaient fait faire aucun progrès, parce que la
religion mahométane s'y opposait, l'anatomie elle-même

était enseignée dans des cours publics ; et la chirurgie dont les progrès marchent de pair avec elle prenait un nouvel essor. Parmi les maîtres dont il fut donné à Le Pois de suivre les savantes leçons, on peut citer Louis Duret, célèbre par son érudition et par ses commentaires qui mériteront toujours d'être lus ; Simon Piétre, surnommé *le grand*, qui enseignait avec éclat la doctrine d'Hippocrate et de Galien ; Michel Marescot, qui enrichit d'observations nouvelles la médecine opératoire de son temps.

Après avoir pris en 1581 les degrés de maître-ès-arts en l'université de Paris, Le Pois se livra sans relâche pendant quatre ans à l'étude de la médecine ; vivant de la rude vie des écoliers de ce temps-là, et bravant les atteintes d'un hiver rigoureux contre lesquelles ses modiques ressources le défendaient à peine, on le vit se raidir contre tous les obstacles, et supporter sans se plaindre les attaques réitérées d'une violente névralgie. Il semblait n'obéir qu'à un seul besoin, celui d'apprendre.

Lorsqu'il eut puisé dans le sein de la faculté de Paris une instruction aussi solide que le comportaient les études de cette époque, Le Pois, à l'exemple du plus grand philosophe des temps modernes, résolut de voyager. Comme Descartes il savait que nos idées s'étendent, que nos jugements se rectifient par la comparaison.

L'Italie brillait encore de tout l'éclat des sciences régénérées. Ses universités florissantes, ses savants professeurs attiraient des élèves de tous les points de l'Europe. Ce

fut vers cette terre classique des arts et des lettres que le
jeune disciple d'Hippocrate dirigea ses pas. Il séjourna
deux ans à Padoue, où il entendit Alexandre Messarie
commenter avec talent les œuvres du médecin de Per-
game ; puis malgré le vif désir qu'il avait de revoir ses
pénates, il s'imposa le devoir de visiter les autres écoles
de la péninsule et les savants qui l'illustraient. Accueilli
avec faveur par tout ce qui avait assez de mérite pour
distinguer le sien, il revint enfin à Paris pour y prendre
ses grades. Les registres de la faculté mentionnèrent
dans les termes les plus honorables son savoir étendu et
sa rare modestie ; témoignage d'autant plus flatteur pour
lui que cette faculté dérogeait par là à ses réglements :
ne laudetur homo quiquam ante mortem. Bachelier en
1588 et licencié en 1590, Le Pois quitta Paris sans s'y
faire recevoir docteur; ses ressources n'avaient pu suffire
aux frais considérables des cérémonies dont s'accom-
pagnait cette réception (1). Cette honorable médiocrité
avait sa source dans le désintéressement que son père
avait apporté dans la pratique de son art. Etrange con-
traste avec l'activité mercantile de notre époque ! Il faut
ajouter que les malheurs du temps pesaient alors sur
toutes les classes de la société. Un mot à ce sujet sur

---

(1) Les divers grades coûtaient alors à obtenir à la faculté de
Paris la somme énorme pour le temps de 2,000 livres : c'était, dit
A. Monteil, autant que se payait un fonds de commerce. Il y avait
seize actes probatoires, tant examens que thèses, manuscrits ou
imprimés.

la situation dans laquelle se trouvait la Lorraine, particu-
lièrement au point de vue des institutions scientifiques.

Les prédécesseurs de Charles III occupés à réparer
les désastres occasionnés par les invasions, les guerres
intestines, les épidémies, la famine, n'avaient guère été
à même d'encourager dans leurs états la culture des
sciences et des lettres; cependant on peut déjà citer
quelques hommes distingués sous les Ducs Réné II et
Antoine. La paix conclue entre Henri IV et Charles III
permit à ce dernier prince de s'appliquer sans diversion
à l'administration et aux intérêts moraux de son peuple.
Il fit venir à grand frais plusieurs savants renommés
dans les diverses branches des connaissances humaines,
et fit tous ses efforts pour propager l'instruction. Des
colléges furent créés dans les villes principales. L'université de Pont-à-Mousson fondée en 1572, et dirigée
par soixante jésuites, s'accrut en 1598 d'une faculté de
médecine, dont Le Pois, que le Duc Charles honorait
d'une faveur toute particulière, fut nommé doyen et
premier professeur. Ces institutions rivalisaient d'émula-
tion et de zéle. Henri II, fils et successeur de Charles III,
marcha sur ses traces, réalisa les améliorations, et acheva
les entreprises que ce bon prince n'avait pu mener à fin.
Comme son père, Henri aimait à consacrer ses loisirs
aux savants, dont il faisait sa société favorite. Mais le
régne de son gendre et successeur Charles IV ne fut
pas aussi heureux. Les guerres, les épidémies, la disette
dépeuplérent de nouveau nos malheureuses contrées, qui

ne devaient recouvrer leur prospérité que sous Léopold. Charles Le Pois fut successivement médecin des Ducs Charles III, Henri II, Charles IV. Bien différent de ceux qui ne voient dans la faveur des cours qu'un chemin ouvert à leur ambition, il n'employa son crédit auprès de ces bons princes que pour en obtenir de sages mesures et d'utiles institutions. Lorsqu'il eut fait décider la création d'une faculté de médecine à Pont-à-Mousson, voulant être à la hauteur de sa nouvelle fonction, il alla à Paris se faire recevoir docteur, ce qui lui donnait le droit de conférer ce grade à d'autres.

Quelle plus noble tâche que celle du professorat médical, mais aussi quelles fonctions exigent plus de savoir et de sagacité ? Quelle fermeté de raison, quel discernement impartial ne faut-il pas au maître placé entre les idées anciennes et les idées nouvelles, pour n'adopter de celles-là que ce qu'il y a de vrai, pour ne rejeter de celles-ci que ce qu'il y a de faux ! Le Pois savait que dans une science de faits l'autorité la plus imposante doit être traduite au tribunal de l'expérience. A une époque où le joug de l'autorité et les traditions de la scholastique pesaient encore si lourdement sur les intelligences, il eut cette indépendance d'esprit sans laquelle il n'est pas de conception grande, pas de progrès possibles dans les sciences. Dans un temps où tout ce qu'on ne trouvait pas dans les anciens passait pour une hérésie, où la vieille maxime : *ipse dixit,* dictait encore ce que l'on devait penser ou croire, Le Pois refusa de jurer, quelle que fût d'ailleurs sa profonde vénération pour eux, qu'Hippocrate et Galien fussent la raison souveraine ; il n'encensa qu'une idole, la vérité : « ingenuum est, et dignum homine rationis lumine illustrato vim judicii in probandis, examinandis quæ a majoribus didiceris, semperque illud in corde reconditum habere ; veneratione quidem digna esse à majoribus affabrè inventa ac sapienter dicta, sed nervos sapientiæ esse nihil temeré credere. » (*De morbis ab aqua seu serosa colluvie ortis*).

Le Pois attendit que son talent fut parvenu à toute sa maturité pour livrer au public le fruit de ses observations, dans l'ouvrage intitulé : *selectiorum observationum et consiliorum de prætervisis hactenus morbis affectibusque præter naturam*, AB AQUA SEU SEROSA COLLUVIE ET DILUVIE ORTIS (1 vol. in-4° Ponte-ad-Mussonem, 1648.) Ce traité eut un grand nombre d'éditions (1). Boerhave qui professait une grande estime pour Le Pois en a publié une édition, enrichie d'une préface de sa main (Lugduni-Batavorum 1733, in-4°) (2). Enfin on en a extrait

---

(1) En voici la liste : Lugduni-Batavorum, 1639, in-12. — Ibid., 1650, in-8°. — Francofurti, 1674, in-8°. — Lipsiæ, 1674, in-8°. L'édition donnée par Boerhaave, en 1733, a été réimprimée à Amsterdam en 1760, c'est la dernière.

(2) Voici ce qu'il en dit dans le *method. studii med.* : « Maximam famam hic liber obtinuit, imprimis ob bonam et ad morem optimorum veterum reformatam, signisque exquisitis depictam morborum historiam : tunc ob sectiones cadaverum. » Tome II,

un choix d'observations imprimé sous le titre de *Piso
enucleatus* (apud Elzevirium, 1639, in-8°). Comme c'est
le seul ouvrage important qu'ait publié le médecin lor-
rain, je m'en occuperai avec quelques détails.

Ce traité est dédié au Duc Henri, aux sollicitations
duquel Le Pois avait dû satisfaire en mettant au jour les
idées nouvelles qu'il professait avec éclat dans ses cours
sur la nature et le siége de plusieurs maladies, et particuliérement de quelques affections convulsives. Quoique
le titre semble indiquer que l'auteur n'y traitera que
des affections dans lesquelles l'épanchement de sérosité
constitue le phénomène principal, il y est question en
réalité d'un grand nombre de maladies très-différentes.
C'est qu'en effet, dans les idées du professeur de Pont-
à-Mousson, ce fluide séreux jouait un rôle très-important
dans l'économie animale, et qu'il est peu de maladies à
la production desquelles il fut, selon lui, étranger. Si l'on
réfléchit que la nombreuse famille des phlegmasies sé-
reuses se termine ordinairement par des épanchements,
et qu'il est peu de maladies chroniques ou de lésions
organiques qui ne s'accompagnent de cet épiphénomène
et n'en laissent des traces dans le cadavre, on sera moins
étonné des idées que Le Pois émet avec tant de confiance
et qu'il donne comme le résultat de sa longue pratique, à
une époque où la physiologie expérimentale était encore

---

page 600, édit. de Haller. Un tel éloge dans la bouche d'un tel
maître peut se passer de commentaire.

à naître, et où la circulation du sang, n'était pas encore découverte.

On me saura gré de ne pas développer ici les idées de Le Pois sur la prétendue circulation de ce fluide, sur sa source et sa nature. Ce ne sont pas là les titres de cet illustre médecin à la renommée. Mais si dans la science de l'homme malade, les théories ont bientôt vieilli quand elles ne reposent pas sur les données les plus rigoureuses de l'expérimentation, l'observation reste, et ses pages toujours vivantes passent avec le nom de l'observateur à la postérité la plus reculée. Laissons donc de côté la partie théorique de l'œuvre que nous analysons pour signaler ce que les faits dont elle abonde renferment d'intéressant et de vrai. L'ouvrage de Le Pois n'est pas de ceux qu'on amoindrit en leur enlevant quelques hypothèses ingénieuses qui font tout leur mérite.

Il n'est peut-être pas dans le vaste domaine de la nosologie de maladies dont l'étude ait dû paraître hérissée de plus de difficultés que celles qui ont pour siége les centres nerveux : difficultés dans le diagnostic, parce que ces centres soustraits à l'exploration directe des sens, entretenant des rapports nombreux avec tous les organes, ne révèlent fréquemment leur souffrance que par des lésions sympathiques, éloignées ; difficultés dans les recherches nécroscopiques, parce que les affections qui y avaient leur siége ne laissent souvent que peu de traces après la mort, ou parce que les investigations sur des organes d'une texture aussi délicate, et d'une configuration

aussi multiple demandent le scalpel délié de l'anatomiste
le plus habile. Ces considérations expliquent assez l'état
longtemps arriéré de nos connaissances dans cette branche de la pathologie. Entre tous les observateurs de son
temps, Le Pois est un de ceux qui eurent les idées les
plus saines sur la physiologie et la nosologie de ce système. Il avait remarqué que la sensibilité et le mouvement peuvent être abolis, l'une à l'exclusion de l'autre ;
observation neuve alors, et inexplicable avant que l'expérimentation moderne n'ait démontré que les faisceaux
postérieurs de la moelle président aux facultés sensibles,
les faisceaux antérieurs aux facultés motrices.

Une maladie qui par sa fréquence et par sa gravité a
attiré l'attention des observateurs de tous les temps, et qui
a donné lieu dans l'antiquité aux théories les plus chimé-
riques, l'*apoplexie,* sur le siége de laquelle les opinions
étaient encore à cette époque complétement contradic-
toires, fut pour Le Pois l'objet d'une étude approfondie,
qui le conduisit à conclure que cette maladie a toujours son
siége dans le cerveau. Cette proposition qui semble aujour-
d'hui pouvoir se passer de démonstration, dénotait alors
une grande sagacité dans l'analyse symptomatologique ; et
lorsque son auteur ajoute que l'apoplexie *compliquée de
fièvre* n'a pas toujours son point de départ dans le viscère
intra-crânien, on voit évidemment qu'il entend parler
des fièvres pernicieuses soporeuses ou apoplectiformes,
ou des fièvres continues à symptômes comateux, souvent
confondues alors avec les affections idiopathiques du

cerveau. Il reconnaît même trois degrés dans l'apoplexie : division consacrée par un de nos observateurs les plus compétents à cet égard, le professeur Rostan. Enfin il fait au sujet de cette maladie une remarque intéressante, c'est que l'apoplexie est commune en Lorraine, surtout aux changements de saison. Mes observations confirment à cet égard celles de Le Pois. J'ai même vu les cas les plus fréquents d'apoplexie et de syncope suite de lésions organiques du cœur, coïncider avec les grandes perturbations dans la pesanteur atmosphérique que l'on observe notamment aux solstices et aux équinoxes. Déjà Duhamel avait remarqué qu'un nombre très-grand de morts subites avait eu lieu en 1747, le baromètre ayant baissé en moins de deux jours d'un pouce 4 lignes *(Mém. de l'Acad. des sciences).*

Ce que Le Pois avait fait pour l'apoplexie, il le fit encore pour une maladie non moins formidable, l'*épilepsie,* en démontrant, par une analyse judicieuse de ses symptômes, qu'elle a toujours sa cause prochaine dans le cerveau, quoique les recherches cadavériques n'y saisissent pas toujours les traces de cette affection. Il cite deux cas dans lesquels il a employé avec succès le cautère actuel à la nuque.

L'*hystérie* était regardée dans l'antiquité comme ayant son siége dans l'utérus, auquel Hippocrate et bien d'autres après lui attribuaient le sentiment et le mouvement; opinion qui s'est conservée jusqu'à nos jours dans le vulgaire. Le Pois annonça le premier que l'hystérie doit être rangée parmi les affections convulsives, et que comme telle son siége est dans l'encéphale. Il montra que la plupart de ses symptômes sont communs aux deux sexes : entendant sans doute désigner par là l'*hypocondrie,* que Sydenham lui-même ne distinguait pas de l'hystérie. Il assimilait judicieusement la sensation d'un corps étranger montant dans la gorge (boule hystérique) à la constriction qu'y ressentent les épileptiques pendant l'accès. Enfin il faisait observer, à l'appui de son opinion, que chez beaucoup de femmes hystériques la menstruation est parfaitement normale. Un siécle plus tard, l'homme qui a le plus avancé peut-être l'histoire des maladies du système nerveux, l'illustre Willis, adoptait l'opinion du professeur de Pont-à-Mousson ; doctrine habilement défendue de nos jours par un écrivain qui marque avec distinction dans cette branche de la pathologie, Georget, auquel il ne fut pas donné malheureusement de poursuivre assez longtemps ses recherches. Bien qu'on ne puisse guère admettre aujourd'hui une opinion aussi exclusive que celle de Le Pois, et que la participation des nerfs ganglionaires ou cérébro-spinaux de l'utérus au trouble de l'encéphale soit une chose assez généralement consentie, comment, quand on réfléchit à l'état d'enfance où se trouvait encore la physiologie pathologique, comment, dis-je, ne pas admirer la pénétration de l'observateur qui, au milieu des manifestations complexes de cette classe de maladies, démêlait si bien les phénoménes sympathiques de ceux qui indiquent le siége

principal du mal? Par malheur, ici comme partout,
Le Pois mêle à ces aperçus lumineux ses idées favorites
sur le rôle que jouent, dans l'histoire des différentes maladies dont je viens de parler, les épanchements de sérosité, dont il trouve fréquemment la trace dans les mem-
branes du cerveau. Il entre même, à ce sujet, dans de
curieux développements, mais que je ne pourrais repro-
duire ici sans dépasser les limites qui me sont imposées,
touchant les effets de la compression sur les différentes
parties de ce viscère et sur l'origine des nerfs cérébraux.
Il serait intéressant de rapprocher ces observations des
recherches entreprises ultérieurement dans le même but
par mon aïeul Nicolas Saucerotte, dans son beau travail
sur *les contre-coups* (*Mém. de l'Acad. de chirurgie*),
et par plusieurs expérimentateurs contemporains, encore en désaccord sur la plupart des points.

Les *maladies de poitrine*, sur le diagnostic desquelles
les découvertes modernes ont jeté un si grand jour,
étaient enveloppées d'une grande obscurité au temps
où vivait Le Pois. Les lésions organiques du cœur étaient
ordinairement méconnues ; les affections chroniques de
l'appareil respiratoire confondues sous la dénomination
vague de phthisie ; et cent ans plus tard Baglivi s'écriait
encore : « O quam difficile est morbos thoracis cognos-
cere ! » Le professeur de Pont-à-Mousson s'acquit une
grande célébrité dans la cure de ces maladies, pour avoir
conseillé plusieurs fois avec succès l'opération de l'em-
pyème dans l'hydrothorax, maladie sur laquelle on n'avait

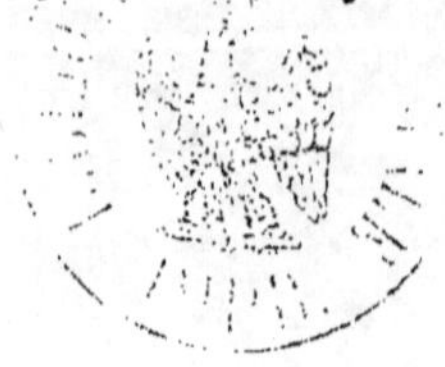

encore que des notions tellement incomplètes, que la plupart des praticiens de ce temps n'en connaissaient pas même l'existence, autorisés en tous cas à la croire fort rare sur la foi de Galien qui disait ne l'avoir observée qu'une fois. Le Pois en élucida le diagnostic autant que le permettait l'absence des signes tirés de la percussion et de l'auscultation. Il recommandait, en pareil cas, la sucussion Hippocratique. Dans un autre chapitre, il trace avec assez de précision les signes qui distinguent la pneumonie de la pleurésie. Hippocrate avait prétendu que cette dernière maladie ne passe pas à la suppuration avant le quatorzième jour : Le Pois annonça que l'épanchement purulent peut exister dès le quatrième. Il s'éleva avec raison contre l'abus des saignées dans cette période du mal : médication qui enlève au malade les forces nécessaires pour la résorption du liquide épanché. On trouve dans ce chapitre plusieurs observations de pleurésies suppurées qui se terminèrent par l'expuition d'une quantité considérable de pus.

Les *maladies du cœur* qui à cette époque étaient le plus souvent méconnues, attirèrent l'attention de Le Pois. Il étudia notamment la *péricardite* et les épanchements qui en sont la suite. C'est ainsi qu'il croyait trouver à chaque instant dans ses recherches nécroscopiques la confirmation de ses idées théoriques, faute de remonter aux phénomènes primitifs dont ces épanchements ne sont que la conséquence ultime. On trouve dans cette partie de l'ouvrage de Le Pois quelques exemples d'as-

thme et de phthisie chez des sujets qui avaient des concrétions calculeuses dans les poumons. Nous signalerons
aussi des observations d'hydatides des poumons.

Les différents chapitres où il est question des *affections abdominales* n'offrent rien de bien important à
remarquer. Ces affections y sont souvent rapportées
ainsi que celles du cerveau, à divers ordres de fièvres.
Quant à la *pyrétologie*, l'auteur en traite conformément
aux idées des anciens en ce qui concerne la classification;
et les rattache à ses idées théoriques pour ce qui est de
l'étiologie. Il entre plus loin dans quelques développements sur les affections calculeuses, — lui-même était
affecté de gravelle, — et il préconise l'équitation ou
l'exercice en voiture comme favorisant par les secousses
qu'ils occasionnent l'expulsion des concrétions d'un
petit volume. Il dit aussi s'être bien trouvé en pareil cas
de la verge d'or (*solidago virga aurea*), autrefois usitée
comme diurétique, et aujourd'hui tombée en désuétude,
avec une foule d'autres médicaments qui ne méritaient
pas tous cet oubli.

Ceci me conduit à parler de la *thérapeutique* de
Le Pois, dont j'aurai cependant peu de chose à dire,
car elle n'offre rien de particulier à signaler, si ce n'est
sa simplicité, à une époque ou une absurde polyphar-
macie avait fait de l'art de guérir un assemblage ridicule
de recettes bizarres. Ses paroles à cet égard méritent
d'être citées : « nam, ut ingenuè fatear, victus quo sim-
plicior eo gratior et salubrior, ita, meâ quidem sententiâ,

de medicinis judicandum, ut supervacaneus sit labor
eorum qui ex omni genere herbarum sive obviarum,
sive exoticarum, sive tempestivarum, sive secús medica-
menta ejus modi prescribunt, magis venditandi, osten·
tandique industriæ specimen aliquod, quàm benè de
ægris merendi gratiâ « (*de morb. à seros. coll. ortis
sect. IV*). Au soin qu'il met à recommander la diététique
et l'usage bien entendu des agents hygiéniques, on reconnaît un médecin formé à l'école de l'immortel auteur
du traité *de aere, locis et aquis*. Remarquons au reste
que si les indications, empruntées pour chaque époque
à la physiologie dominante, ont changé, les méthodes
curatives sont à peu près les mêmes. Le Pois saignait
pour évacuer la sérosité qu'il croyait surabonder dans
la plupart des maladies : aujourd'hui nous enlevons du
sang à nos malades pour soustraire aux organes irrités cet
élément de la phlegmasie. C'est ainsi que nous tournons
dans un cercle dont il ne semble pas jusqu'ici que nous
devions sortir : renouvelant en thérapeutique le mot d'un
écrivain spirituel « il n'y a de neuf que ce qui a vieilli. »

Le traité de Le Pois fit une grande sensation parmi
les médecins de ce temps par la nouveauté de la doctrine que l'auteur y professait, et par les recherches
nécroscopiques dont il l'étayait, à une époque où ce
mode d'investigation n'avait pas encore obtenu toute
l'attention qu'il mérite, et où l'enseignement médical
consistait uniquement à lire ou à commenter Hippocrate
et Galien. Riche d'observations nombreuses, de descrip-

tions faites avec le talent d'un ancien, cet ouvrage devait être lu avec fruit longtemps après que les théories qui en étaient le commentaire n'avaient plus cours.

Quelques années après sa publication, Le Pois mit au jour une instruction destinée aux médecins sur une maladie qui avait ravagé la Lorraine dans l'été de 1623 *(discours de la nature, causes et remèdes tant curatifs que préservatifs des maladies populaires accompagnées de flux de ventre, et familières aux saisons chaudes et sèches des années de semblable intempérature*, 1 vol. in-12; Pont-à-Mousson, 1628). Outre les causes morbigènes qui atteignent individuellement les hommes placés dans des circonstances différentes, il en est dont l'influence générale s'étend sur les masses, et dont la source reste souvent enveloppée d'une obscurité profonde. Il ne suffit pas alors de posséder les connaissances que requiert le traitement des maladies ordinaires : il faut chercher l'origine du mal dans les qualités de l'air et des eaux, dans la situation des lieux, dans la nature des aliments. Il faut expliquer les lois de sa propagation ; discerner les mesures médicales et hygiéniques de nature à en arrêter les ravages. Personne n'était plus propre que le professeur de Pont-à-Mousson à remplir cette tâche : aussi s'en acquitta-t-il avec tout le succès désirable. Cette maladie paraît avoir consisté en une phlegmasie du foie propagée au canal intestinal. « ores est-il que chacun sçait tous les symptômes que dessus se devoir résoudre au foye comme à leur source première, et auquel l'estomach compatit de nécessité. » *(loc. cit).*

Si de la carrière de l'auteur nous descendons dans la
vie de l'homme privé, nous n'aurons rien à rabattre,
grâce au ciel, de l'estime que Le Pois nous a déjà inspirée;
loin de là, il va acquérir de nouveaux titres à notre ad-
miration par le spectacle trop rare de grandes vertus
unies à de grands talents. Ses mœurs étaient austères ;
on admirait en lui cette simplicité antique, cette gravité
tempérée qui sied si bien au noble sacerdoce dont le
médecin est revêtu. Ennemi irréconciable du charlatanisme et de l'intrigue, il parcourut la route sinon la plus
frayée du moins la plus honorable, ne cherchant à vain-
cre ses concurrents qu'à force de talents et de loyauté.
Plein de cette modestie qui est le propre du vrai mérite, il cédait volontiers le pas à ses collègues dans les
consultations : « quippé qui ab omnibus rixis longé alie-
num à naturâ et à pertinaciori omni contentione adver-
sus, modestiam semper pluris fecerim quam vel nominis
proprii gloriam. » Le Pois prouva d'ailleurs dans ses
démêlés avec une congrégation fameuse devant laquelle
tout pliait alors, qu'il savait allier à la douceur et à la modestie d'un sage la fermeté d'un homme qui connaît ses
devoirs, et qui sait tenir son rang. Les deux professeurs
en médecine de la faculté de Pont-à-Mousson furent man-
dés en 1600 devant le recteur des jésuites pour faire leur
profession de foi. Le Pois ne se soumit à cette injonction
qu'à la condition qu'il ne prêterait pas le serment d'obé-
issance qui avait été exigé des professeurs de la faculté
de droit. Les jésuites ayant en 1625 fait revivre leurs

prétentions, **Le Pois** les contesta de nouveau avec vigueur; mais ses successeurs furent obligés de céder. (*Hist. acad. mussip.*)

Comme tous les hommes qui s'élèvent au-dessus de la foule, **Le Pois** mérita l'honneur d'exciter l'envie. Ceux qui confondent l'expérience avec la routine auraient bien voulu lui refuser le génie de la pratique, et le représenter comme apte seulement aux travaux du cabinet. Il est tout simple que l'on conteste un genre de mérite que l'on ne peut comprendre. Mais ils ne tardèrent pas à trouver un éclatant démenti dans les succès de leur émule, qui prouva que les profondes études du professeur ne nuisaient pas à celles du praticien. Cette fois le public fut juste, et pardonnant au savant Esculape le talent dont il avait fait preuve dans ses ouvrages, il accorda sa confiance à celui qui en était le plus digne. Ces ouvrages avaient d'ailleurs porté sa réputation au loin. Aussi quand Louis XIII passa par Pont-à-Mousson, les médecins qui l'accompagnaient s'empressèrent-ils d'aller rendre hommage à celui qu'ils appelaient leur père et leur maître dans l'art de guérir. **Le Pois** entretenait une correspondance étendue avec les savants de son temps. Doué d'une vaste mémoire, il possédait, outre le Grec et le Latin, l'Italien, l'Arabe, l'Hébreu, l'Espagnol! On lui dut même la traduction en Latin, d'un ouvrage écrit dans cette dernière langue : *L. Mercati institutiones ad usum et examen eorum qui artem luxatorium exercent. Francofurti in fol,* 1624.

Fidèle au précepte de Cicéron « *nulla dies sine lit-
terâ,* » il ne laissait pas passer un seul jour sans travailler
à reculer les bornes de la science, dont un esprit aussi
étendu que le sien devait mieux qu'aucun autre recon-
naître les imperfections. Toute l'activité, tout l'intérêt
que le vulgaire disperse sur les affaires de la vie, il les
concentrait sur le perfectionnement de son art. Recueil-
lir une observation utile était pour lui le plus grand des
plaisirs ; découvrir une vérité, était faire une conquête.
Il cherchait à communiquer son enthousiasme à ses
élèves, qu'il traitait moins en maître qu'en père. Ses
livres, sa maison, tout leur était commun avec lui. Son
grand ouvrage était le fruit des rares loisirs que les fonctions si remplies de professeur et de praticien renommé
lui avaient laissés pendant sept mois. Au milieu de tant
d'occupations, Le Pois trouvait encore le temps de culti-
ver les mathématiques qu'il aimait beaucoup. Ce fut sans
doute son goût pour cette science qui lui inspira le projet de réduire la médecine en théorèmes, suivis chacun
de leur démonstration : projet contre lequel tout son
talent eût sans doute échoué. Il avait eu aussi l'intention
de publier un traité de physiologie : car ce grand observateur avait compris que l'anatomie et la physiologie,
malgré l'état d'enfance où elles se trouvaient encore,
sont la base éternelle de l'art de guérir. Enfin quoique
porté par la trempe de son esprit aux études abstraites,
Le Pois n'était pas étranger aux belles-lettres. Une fois même il voulut consacrer en vers la mémoire du duc Charles ;

et si ces vers écrits dans la langue de Virgile ne lui as-
surent pas une place sur le Parnasse à côté du chantre
des Géorgiques, ils ont du moins le mérite d'avoir été
dictés par le plus pur des sentiments, la reconnaissance
envers ceux qui ne peuvent plus rien pour nous. Qu'on
me permette de choisir dans cette production, aussi honorable pour son auteur que pour celui à la mémoire
duquel elle était consacrée, un fait qui peint le cœur de
cet excellent prince. C'était par une sombre et froide
nuit d'hiver ; le Duc Charles se tordait sur son lit en
proie aux cruelles angoisses d'une colique néphrétique.
On s'empresse autour de lui, et l'on parle d'aller quérir
Le Pois qui n'habitait pas le palais. Mais l'idée de trou-
bler le sommeil de son vieux serviteur, et de l'exposer
aux intempéries de la saison émeut le cœur du bon
prince : demeurez, s'écrie-t-il aussitôt ; j'attendrai bien
jusqu'au jour !.... Un pareil trait ne vaut-il pas tout un
éloge ?..

Mais la mort avait marqué un terme à tant de travaux,
à tant de vertus, et la plus noble fin devait couronner la
plus belle carrière. L'affreux typhus ravageait en 1633 la
cité où Le Pois avait reçu le jour. Le vieux professeur
quitte aussitôt ses occupations chéries ; il dit à ses élèves
un adieu qu'il pressent être le dernier, et à cet âge où la
sensibilité glacée tarit la source des plus nobles dévoue-
ments, il vole avec l'ardeur d'un néophyte au secours de
ses concitoyens dont il partage tous les dangers. De
toutes parts la contagion l'environne, elle l'atteint. Le

courageux apôtre de l'humanité a compté les instants
qui lui restent à vivre, et déjà frappé il veut les rendre utiles encore en disputant d'une main défaillante
une dernière victime à la mort ! Combien est grand
le ministère où l'on trouve un tel oubli de soi-même !
Emules et compatriotes de Le Pois, sachons conserver
à la noble profession, qu'il illustra par ses vertus non
moins que par ses talents, ce caractère d'élévation mo-
rale qu'une société trop souvent ingrate envers elle ne
peut du moins lui enlever (1)!

---

(1) Bien qu'il ne soit peut-être pas dans la société de profession
qui exige des études plus longues, des connaissances plus variées,
plus étendues, des qualités morales plus hautes que celle du médecin, il n'en est pas qui y soit traitée avec plus d'indifférence,
pour ne pas dire avec plus de rigueur. Sollicité depuis quarante
ans et plus, de nous donner une législation équitable, qui protége
notre honneur et nos intérêts professionnels contre la double plaie
du charlatanisme et de la concurrence au rabais, l'État n'a répondu
à ces pressantes réclamations que par le rétablissement de la pa-
tente médicale ! Quant aux distinctions ou aux priviléges accordés
an dévouement, aux travaux sérieux qui n'ont que la science pour
objet, on juge ce qu'il peut en être dans un temps où l'art d'Hippocrate est assimilé à une industrie tenant boutique. Qu'on est
bien venu ensuite à accuser les médecins de tendances matérialistes,
et qu'il y a lieu de s'étonner d'en voir, en assez grand nombre, se
laisser prendre aux appeaux du socialisme !